I0816755

El cohete espacial

David Baker y
Heather Kissock

AV2 SPANISH
www.av2books.com

Paso 1
Ingresa a **www.av2books.com**

Paso 2
Ingresa este código único
AVS84927

Paso 3
¡Explora tu eBook interactivo!

AV2 es compatible para su uso en cualquier dispositivo.

Tu eBook interactivo trae...

Contenido
Examina la página de contenidos para navegar fácilmente por los recursos

Audio
Escucha las secciones del libro leídas en voz alta

Videos
Mira videoclips informativos

Enlaces web
Obtén más información para investigar

Presentación de imágenes
Mira las imágenes y los subtítulos

¡Prueba esto!
Realiza actividades y experimentos prácticos

Palabras clave
Estudia el vocabulario y realiza una actividad para combinar las palabras

Cuestionarios
Pon a prueba tus conocimientos

Comparte
Comparte títulos dentro de tu Sistema de Gestión de Aprendizaje (LMS) o Sistema de Circulación de Bibliotecas

Citas
Crea referencias bibliográficas siguiendo el Manual de Estilo de Chicago

Este título está incluido en nuestra suscripción digital de Lightbox

Suscripción en español de K–6 por 1 año
ISBN 978-1-5105-5935-6

Accede a cientos de títulos de AV2 con nuestra suscripción digital.
Regístrate para una prueba GRATUITA en **www.openlightbox.com/trial**

El cohete espacial

CONTENIDOS

Cohete al espacio
4 Descubriendo el espacio

Un cohete es un **motor** de gran potencia. Los cohetes se usan para llevar personas y cosas al espacio. La palabra cohete viene de una palabra italiana que nombra a un tipo de **cilindro** giratorio. Un cohete puede producir más energía, por su tamaño, que cualquier otro motor. Se utilizaban cohetes para ayudar a los transbordadores espaciales a despegar de la Tierra. El cohete principal de un transbordador espacial tenía la potencia de 39 locomotoras de tren.

Todo sobre el programa de transbordadores espaciales

Lanzados por
la Administración Nacional de la Aeronáutica y el Espacio (NASA, por sus siglas en inglés)

Cantidad de transbordadores espaciales
5

Órbitas terrestres
21 152 en más de 135 misiones

Millas recorridas
542 398 878 (872 906 380 kilómetros)

Tiempo total en el espacio
1334 días, 1 hora y 36 minutos

Los primeros cohetes

Los primeros cohetes se fabricaron en China hace unos 1000 años. Estos cohetes tenían forma de flecha. Impulsados por **pólvora**, se utilizaron por primera vez como fuegos artificiales en las fiestas y reuniones. Luego, los chinos los adaptaron para utilizarlos en la guerra. En los últimos siglos, los europeos desarrollaron un cohete llamado Congreve, que podía recorrer distancias de hasta 9000 pies (2743 metros).

Los **fuegos artificiales** utilizan pequeños motores cohetes para volar en el cielo.

Quemando combustible

El cohete quema **combustible**. Esto hace que el cohete avance. Los cohetes llevan combustible y **oxígeno** para quemarlo. Juntos, el combustible y el oxígeno se llaman propulsores. Son los que dan el empuje necesario para **impulsar** al cohete. Cuando el combustible se prende fuego, se liberan gases. La fuerza de estos gases que empujan en la misma dirección hace que el cohete se mueva en la dirección contraria.

El **Falcon Heavy** es el cohete más potente actualmente en servicio. Puede generar una fuerza de propulsión de **5,1 millones de libras** (2,3 millones de kilogramos) en el despegue.

Diseñado para la velocidad

Los cohetes tienen forma de cono en la punta. Esta forma los ayuda a moverse más rápido. La presión que trabaja en contra de la dirección de un cohete se llama resistencia aerodinámica. Es la presión generada por el movimiento rápido a través del aire, y no por la **gravedad**. Afuera de la **atmósfera** terrestre no hay resistencia aerodinámica. Los cohetes largos y delgados tienen menos resistencia que los cortos y gruesos.

El viaje espacial

El cohete es la única máquina que puede viajar al espacio. El cohete no necesita aire para volar y no depende de ninguna fuerza de potencia externa. Todo lo que necesita para impulsarse, el combustible y el oxígeno, está dentro del propio cohete.

La velocidad

Los cohetes son muy rápidos. Un cohete viaja a más de 17 000 millas (27 359 km) por hora para llegar al espacio. En el pasado, los cohetes usaban un solo motor para viajar. Cuando se quedaba sin combustible, el cohete dejaba de acelerar. Esto limitaba la distancia que podía recorrer. Hoy, los cohetes multi-etapa pueden llevar más combustible y recorrer distancias más largas.

Un cohete tarda menos de **3 minutos** en llegar al espacio.

Más potencia

Una nave espacial puede necesitar más de un cohete para llegar al espacio. La cantidad de cohetes que se necesitan depende del peso de la **carga** y la distancia de la misión. Los cohetes utilizan propulsores líquidos o sólidos. Los cohetes con propulsores líquidos son mejores para los lanzamientos espaciales porque, con el mismo peso del propulsor sólido, producen más energía.

Cohetes de propulsor sólido

En los cohetes de propulsor sólido, el combustible y un **oxidante** se almacenan juntos en forma sólida. El cohete Atlas V usa hasta cinco propulsores sólidos.

Cohetes de propulsor líquido

El líquido oxidante y el combustible líquido se almacenan en tanques separados y se mezclan una vez que se enciende el motor del cohete. Por ejemplo, el cohete Ariane 5 usa oxígeno líquido como oxidante e hidrógeno líquido como combustible.

El alunizaje

Para que los estadounidenses pudieran llegar a la Luna, se utilizó un gran cohete llamado *Saturno V*. Un cohete *Saturno V* podía quemar más de 560 000 galones (2 120 000 litros) de propulsor durante sus primeros dos a tres minutos de vuelo. El último cohete *Saturno V* fue lanzado en 1973 para poner en órbita a la estación espacial Skylab.

Los cohetes más altos del mundo
Saturno V
363 pies (111 m)
N1
344 pies (105 m)
Ares I-X
327 pies (100 m)
Delta IV Heavy
235 pies (72 m)
Falcon Heavy
230 pies (70 m)

Viaje a Marte

Todos los días se construyen nuevos cohetes. Algún día, los cohetes llevarán gente a Marte. Los científicos creen que deberán inducir una especie de **hibernación** para que la gente pueda viajar a Marte. El estado de hibernación se llama letargo. Puede faltar mucho todavía para que los científicos logren prolongar el letargo por los 180 días que dura el viaje a Marte.

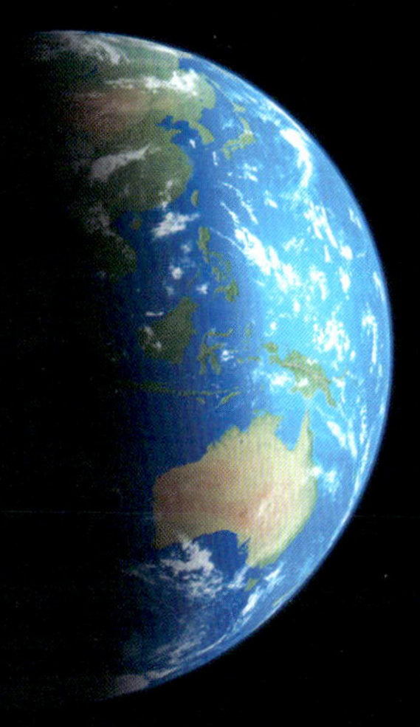

MARTE
en números

Distancia promedio del Sol
141 637 725 millas
(227 943 823 km)

Velocidad orbital
53 858 millas por hora
(86 676 km por hora)

Diámetro
4212 millas
(6779 km)

Lunas
Dos

Duración de un año
687 días terrestres

Cuestionario sobre el cohete espacial

1
¿Dónde de fabricaron los primeros cohetes?

2
¿Cuánto tarda un cohete en llegar al espacio?

3
¿Qué altura tenían los cohetes *Saturno V*?

4
¿Por qué la punta del cohete tiene forma de cono?

5
¿Cuál es el cohete más potente actualmente en servicio?

6
¿Cuántas lunas tiene Marte?

7
¿Por qué los cohetes de propulsor sólido son mejores para los lanzamientos espaciales?

8
¿Qué organización lanzó el programa de transbordadores espaciales?

RESPUESTAS

1. En China **2.** Menos de 3 minutos **3.** 3363 pies (111 m) **4.** Para que el cohete se mueva con más facilidad **5.** El Falcon Heavy **6.** Dos **7.** Porque producen más energía que los cohetes con propulsor sólido con propulsores del mismo peso **8.** La Administración Nacional de la Aeronáutica y el Espacio (NASA)

Palabras clave

atmósfera: los gases que rodean al planeta

carga: objetos transportados en un vehículo

cilindro: objeto con dos extremos redondos planos conectados por laterales rectos y largos

combustible: material que se quema para producir energía

gravedad: fuerza por la cual un objeto atrae a otros objetos hacia su centro

hibernación: estado de inactividad similar al del sueño profundo

impulsar: hacer que se mueva hacia adelante

motor: máquina que convierte a la energía en movimiento

oxidante: químico que hace que el combustible arda y produzca energía

oxígeno: gas incoloro, inodoro e insípido que los organismos de la Tierra usan para respirar

pólvora: mezcla de sustancias químicas que puede producir explosiones

Índice

Obtén lo mejor de los dos mundos

AV2 acorta la brecha entre lo impreso y lo digital.

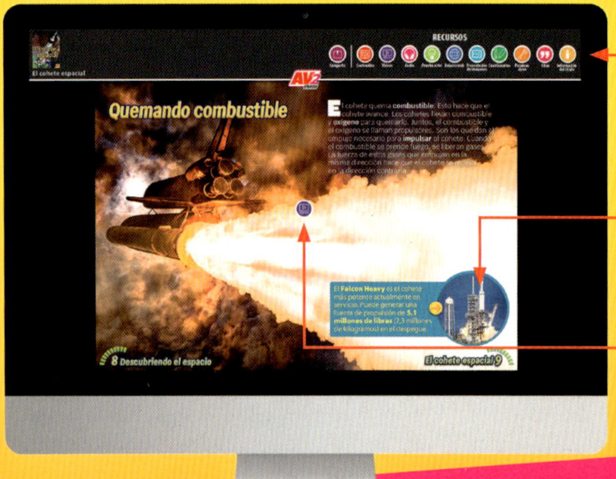

La barra de herramientas de recursos expansible permite acceder rápidamente a los contenidos, que incluyen **videos**, **audios**, **actividades, enlaces web**, **presentaciones de imágenes**, **cuestionarios** y **palabras clave**.

Los **videos animados** hacen que las imágenes estáticas cobren vida.

Los íconos de los recursos de cada página ayudan a los lectores a **explorar los conceptos más importantes**.

Published by AV2
276 5th Avenue, Suite 704 #917
New York, NY 10001
Website: www.av2books.com

Library of Congress Control Number: 2021936431

ISBN 978-1-7911-4058-8 (hardcover)
ISBN 978-1-7911-4059-5 (multi-user eBook)

Printed in Guangzhou, China
1 2 3 4 5 6 7 8 9 0 25 24 23 22 21

042021
101720

Designer: Ana María Vidal
Project Coordinator: Sara Cucini
Spanish Editor: Translation Services USA LLC

Photo Credits
Every reasonable effort has been made to trace ownership and to obtain permission to reprint copyright material. The publisher would be pleased to have any errors or omissions brought to its attention so that they may be corrected in subsequent printings. AV2 acknowledges Getty Images as its primary image supplier for this title.